딴생각 딴세상 1

쓰레기에서 레를 빼면 쓰기

초판 1쇄 발행 2014년 7월 11일
초판 5쇄 발행 2021년 6월 25일
글쓴이 | 신현경
그린이 | 이희은
펴낸이 | 김사라
펴낸곳 | 해와나무
출판 등록 | 2004년 2월 14일 제312-2004-000006호
주소 | 서울특별시 영등포구 양산로23길 17 2층
전화 | (02)364-7675(내용), 362-7675(구입)
팩스 | (02)312-7675
ISBN 978-89-6268-120-8 74330
      978-89-6268-119-2 (세트)

ⓒ 신현경, 이희은 2014

- 값은 뒤표지에 있습니다.
- 책 내용의 일부 또는 전부를 인용하거나 발췌하려면 반드시 저작권자와 출판사 양측의 서면 동의를 구해야 합니다.

제조자명: 해와나무 제조국명: 대한민국 제조년월: 2021년 6월 25일 대상 연령: 8세 이상
전화번호: 02-362-0938 주소: 서울특별시 영등포구 양산로23길 17 2층
*KC마크는 이 제품이 공통안전기준에 적합하였음을 의미합니다.
주의: 책의 모서리에 다치지 않게 주의하세요.

차례

전자 쓰레기
쓸모없어진 휴대폰은 어떻게 될까요? 16쪽

바다 쓰레기
강에 띄운 **페트병 배**는 어디로 갈까요? 30쪽

재활용 쓰레기
우유갑으로 무얼 만들 수 있을까요? 44쪽

나는 목청껏 현태를 불렀어요.

내 소리를 듣지 못하는 걸 알지만 저절로 그렇게 되었어요.

그때 어디선가 걸걸한 목소리가 울려 퍼졌어요.

"넌 지금 쓰레기통 안에 있어. 현태가 널 버렸거든."

"누구세요?"

"2반 교실을 십 년 넘게 지켜 온 쓰레기통이란다."

"나는 쓰레기가 아니에요!"

현태가 실수로 나를 떨어뜨린 게 분명해요.
나는 못 이기는 카드가 없는 천하무적 카드인걸요.
현태가 나를 차지하려고 얼마나 애썼는데요.
석이한테 겨우겨우 이겨서 날 갖게 된 거라고요.

"이제 별 카드는 아무도 안 가지고 놀아. 마법사 카드가 인기 있거든."
쓰레기통이 느릿느릿 말했어요.
"나는 별 카드 중에서도 천하무적이라고요!"
"그래도 마법사 카드는 아니잖니? 넌 쓰레기가 된 거야."
"못 쓰게 되어야 쓰레기죠. 나는 멀쩡한걸요."
"멀쩡해도 쓸모가 없으면 쓰레기지. 사람들은 그렇게 생각해."
쓰레기통의 말이 끝나자 흐느끼는 소리가 들려왔어요.
"절반이나 남았는데도 선아가 나를 버렸어. 으아앙!"
내 밑에 있는 공책이 울음을 터뜨린 거예요.
나도 따라서 울고 싶어졌어요.

그때, 갑자기 환한 빛이 쏟아져 들어왔어요.
누군가 쓰레기통 뚜껑을 확 연 거예요.
휘익.
퍽.
무언가 날아온다 싶더니, 내 몸을 꽉 조였어요.
나는 반으로 접히는 휴대폰 사이에 들이끼였어요.

"준영이 자식, 날 버리면 엄마한테 혼쭐이 날걸."
나를 샌드위치로 만든 휴대폰이 툴툴거렸어요.
'준영이라고?'
나는 반가운 마음이 들었어요.
준영이도 나를 무척 갖고 싶어 했거든요.
"준영아! 날 좀 꺼내 줘. 나 천하무적이야!"
준영이가 내 목소리를 알아들은 걸까요?
손이 쑥 들어오더니 내가 끼여 있는 휴대폰을 꺼내 들었어요.
그러고는 윗도리 주머니에 우리를 쏙 집어넣었지요.
어떻게 준영이를 아느냐고요?
나는 2반 아이들 이름을 죄다 알아요. 아이들도 모두 나를 알지요.
내가 다른 카드와 겨루어서 이기는 걸 지켜보았으니까요.

천하무적 탈출!

저기 앞줄에 있는 번개 머리 남자아이랑
리본 핀을 꽂은 여자아이는 이름이 똑같아요. 둘 다 은수예요.
선아는 오늘이 생일인가 봐요. 선물을 잔뜩 받았네요.
자기 공책이 쓰레기통에서 울고 있는 줄도 모르고 벙글거려요.
엇? 현태는 석이 옆에 바짝 붙어서 뭐 하는 걸까요?
설마 새로 나온 마법사 카드를 가지고 노는 걸까요?
준영이도 궁금한지 휴대폰을 책상에 꺼내 놓자마자 그쪽으로 가요.
내가 주머니 속에 남아 있는 줄도 모르고요.

준영이가 현태 옆으로 다가갔어요.
현태는 석이를 졸라 대고 있었어요.
"석이야, 나도 한 번만 해 보자."
석이는 반짝거리는 새 휴대폰으로 게임을 하고 있었지요.
준영이도 게임 화면에서 눈을 못 뗐어요.
저게 부러워서 아까 자기 휴대폰을 쓰레기통에 집어 던졌나 봐요.
"우리도 휴대폰 고장 내자. 석이도 그렇게 해서 새로 샀대."
현태가 준영이에게 귓속말을 했어요.
속닥거리는 소리가 준영이 주머니 속에 있는
나한테까지 아주 잘 들렸어요.
둘은 자리로 가서 앉더니,
'휴대폰을 고장 내는 열 가지 방법'에 대해 수군댔어요.

휴대폰을 고장 내는 열 가지 방법

① 외계인을 만나면 먹는 거라고 속이고 줄까?
"정말 말랑말랑한 음식이군!"

② 딱지 사이에 숨겨서 딱지치기할 때 던질까?
"뭘 봐? 두꺼운 딱지 처음 봐?"

③ 냉동실에 넣어 두고 까맣게 잊어버릴까?
"휴대폰 맛 아이스크림이니?"

④ 어떤 물건이든 입에 넣고 침을 묻히는 동생 옆에 놓아 둘까?
"침으로 목욕 중!"

⑤ 전화번호를 백 억 개쯤 저장할까?
"아이고, 머리야!"

준영이는 집에 오자마자 휴대폰을 고장 내는 방법 중 '**4번**'을 썼어요.
동생 준희가 준영이의 휴대폰에 침을 잔뜩 발랐지요.

준영이 엄마는 엄청 바빠서 이 모습을 보지 못했어요.
잠시 뒤 준영이가 휴대폰을 들고 엄마에게 달려갔어요.
"엄마, 내 휴대폰 이상해. 안 켜져."
엄마는 이리저리 살펴보고, 이것저것 눌러 보았어요.
"너 이거 떨어뜨리거나 물에 빠뜨린 적 없어?"
"조금 전에 준희가 갖고 놀기는 했는데……."
거짓말하는 준영이 심장이 콩콩 뛰어서 내 몸까지 들썩거렸어요.
"휴대폰 없으면 학원 문자 못 받는데……."
준영이가 기어들어 가는 목소리로 말했어요.
"엄마가 알아볼 테니까 어서 학원 갔다 와."

학원에 가는 준영이 얼굴이 싱글벙글했어요.
학원에서 만난 현태는 씽글뻥글했고요.
둘 다 휴대폰 고장 내기에 성공한 거예요.
"짜잔! 마법사 중에 최고 센 흑마법사 카드다!"
신이 난 현태가 새로 산 마법사 카드를 자랑했어요.
얼마 전에 현태는 나를 들고 저렇게 자랑을 했었지요.
이제 나는 준영이 휴대폰이랑 다를 게 없어요.
둘 다 하나도 인기 없는 구닥다리니까요.

"엄마! 내 휴대폰 어떻게 됐어?"
학원이 끝나고 집에 온 준영이는 현관에 들어서자마자 물었어요.
"엄마가 대리점 가서 고쳐 왔지. 그것도 공짜로!"
휴대폰을 보자 준영이 얼굴이 울상으로 변했어요.
"엄마, 나 휴대폰 새로 사면 안 돼? 이건 누나가 쓰던 거잖아."
"그거 되게 유명했던 거야. 엄청 비싼 거였다고."
식탁에 앉아 있던 누나가 끼어들었어요.
"그런데 왜 누나는 새 거 샀어? 맨날 나만 헌 거 쓰래!"
빽 소리를 지르고 준영이는 방으로 들어와 버렸어요.

"석이도 휴대폰 새로 샀단 말이야! 현태도 새로 산대!"
준영이는 침대에 엎드려 울면서 소리쳤어요.
준영이가 발버둥 치는 바람에 주머니 속의 나는 잔뜩 구겨지고 말았어요.
온몸이 아팠지만 나랑 처지가 같은 휴대폰이 더 걱정되었어요.
쓸모없어진 휴대폰은 어떻게 되는 걸까요?

쓸모없어진 휴대폰은 어떻게 될까?

흐이 흐이

다음 날, 잔뜩 골난 준영이는 옷도 갈아입지 않고 학교에 갔어요.

나는 쓰레기통한테 궁금한 걸 물어보았어요.

"쓸모없어진 휴대폰은 어떻게 되냐고?"

쓰레기통이 되묻더니 휘파람을 불었어요.

순간 둘레가 캄캄해졌어요. 웅성웅성 아이들 소리도 뚝 끊겼고요.

2반 교실도 아이들도 모두 감쪽같이 사라졌어요.

캄캄한 허공에 붕 떠 있는 기분이었어요.

휘익, 휘이익.

어둠 속에서 다시 휘파람 소리가 나자, 허름한 마을이 보였어요.

마을은 온통 시커먼 연기로 뒤덮여 있었지요.

어디선가 쓰레기통 목소리가 들려왔어요.

여기는 중국에 있는 '쓰레기 마을'이야.

이 아이의 이름은 '멩'이고.

멩의 마을에 가득 쌓여 있는 것들은 전 세계에서 실려 온 쓰레기란다.

휴대폰을 비롯한 컴퓨터, 텔레비전 같은 전자 제품 쓰레기지.

버릴 곳이 마땅치 않으니까 가난한 마을에 버린 거야.

쓰레기 마을 사람들은 버려진 전자 제품을 낱낱이 뜯어내어 먹고살아.
제품 속에 들어 있는 금, 은, 구리 조각들을 찾아서 팔면 돈을 벌 수 있거든.

금, 은, 구리 조각들을 빼고 남은 건 모아서 태워.
그래서 마을에는 일 년 내내 연기가 자욱해.
연기 속에는 세상에서 가장 독한 물질들이 섞여 있지.

나쁜 물질이 들어 있는 재를 강물에 버려서 강물은 새카맣게 변했어.
먹는 물은 멀리 떨어진 다른 마을에서 길어 와야 해.

독한 연기를 들이마시고, 오염된 물로 몸을 씻은 마을 사람들은 대부분 병에 걸렸어. 멩도 온몸의 피가 딱딱하게 굳는 병에 걸렸단다.
하지만 마을 사람들은 쓰레기 마을을 떠나지 못해. 왜냐고? 세상 사람들은 휴대폰을 자꾸자꾸 새로 살 테고, 쓰레기 마을에는 일감이 끊이지 않을 테니까 말이야.

"자, 친구들이 만들어 온 방학 숙제를 구경해 보세요.
만들기 우수상은 여러분이 뽑은 친구에게 줄 거예요."
선생님 말이 끝나자마자 아이들이 우르르 일어났어요.

뛰어오던 은수가 준영이랑 부딪혀 넘어졌어요.

"아얏!"

"아야야!"

은수와 준영이는 동시에 비명을 질렀어요.

나는 준영이 주머니에서 튕겨 나와 은수 옆에 떨어졌어요.

교실 바닥에 쩍 붙은 나를 보더니 은수가 준영이에게 물었어요.

"준영아, 이거 네 거야?"

"아니. 그거 내 거 아닌데?"

"그럼 이거 내 배에 붙여야지. 은수호 항해사로!"

'야! 김준영! 나 계속 너랑 같이 있었거든?'
내가 있는지조차 몰랐다니, 기분이 무척 나빴어요.
그런데 가만, 은수가 나를 배에 붙인다고 하지 않았나요.
최고의 인기를 누리던 나한테 배 장식이 되라는 건가요, 지금?

눈물 날 만큼 섭섭한 내 마음을 하늘은 아나 봐요.
차작차작 소리를 내며 빗방울이 창문을 두드렸어요.
"비도 오고 바람도 부니까 오늘이 딱이야. 학교 끝나고 이거 강에 띄우자."
여자 은수가 남자 은수에게 속닥거렸어요.
"여수에 사는 할머니한테 편지 넣어서 띄울 거야."
"이게 여수까지 흘러갈까?"
"내가 여수에 살 때 외국에서 흘러온 페트병도 있었는걸. 걱정 마."
어쩌지요? 은수 말대로라면 나는 배에 실려 먼 바다로 나가게 되는데요.

여자 은수가 페트병 배를 품에 안고 성큼성큼 앞서 갔어요.
남자 은수는 여자 은수에게 우산을 씌워 주며 종종종 쫓아갔지요.
여자 은수를 챙기느라 남자 은수는 비에 흠뻑 젖었어요.
그 바람에 나까지 비에 젖고 말았지요.
"저기서 띄우자!"
여자 은수가 징검다리를 가리키며 계속 말했어요.
"이 정도 바람이면 정말 고래 무덤까지 흘러갈지도 몰라!"
나는 깜짝 놀랐어요.
'내가 가게 될 곳이 무덤이라고?'

여자 은수가 쫑알쫑알 이어 말했어요.

"일곱 살 때 할머니랑 바닷가에 갔다가 죽은 고래를 발견했어.

사람들이 버린 그물에 지느러미가 뒤엉켜서 죽은 거야.

나중에 어른들이 보고는 죽은 지 일주일이 넘은 혹등고래랬어.

그날부터 할머니랑 나는 그곳을 고래 무덤이라고 불렀어.

우리는 매일매일 그곳을 살피러 갔어. 고래가 또 밀려오면

얼른 도와주려고 말이야.

그런데 찢어진 그물, 음료수 병, 페트병 같은 쓰레기만 밀려오더라.

할머니는 내가 도시로 이사 온 다음에도 날마다 고래 무덤에 가신대.

나 같은 아이들이 놀다가 다칠까 봐 쓰레기 주우려고."

여자 은수는 할머니한테 쓴 편지를 배에 매달았어요.
다음은 내 차례지요.
으스스한 고래 무덤에는 절대 가고 싶지 않아요.
나는 눈을 질끈 감았어요.
"카드가 젖어서 못 붙이겠어."
남자 은수의 목소리가 들렸어요.
살며시 눈을 떠 보니 배가 물 위에서 뒤뚱뒤뚱 움직이고 있었어요.
'우아, 살았다.'

페트병 배가 고래 무덤까지 흘러갈까?

그런데 정말 페트병 배가 고래 무덤까지 흘러갈까요?

'은수가 만든 배가 너덜너덜해졌네.

잠깐! 나는 배에 탄 적이 없는데 왜 이런 게 보이지?'

눈을 번쩍 뜨고 둘레를 살폈어요.

앞뒤, 좌우 모두 막혀 있었어요.

'은수 실내화 가방 속에서 잠든 것 같은데, 얼마나 잔 거지?'

"아무도 없어요? 여기가 어디예요?"

"일어났니? 넌 다시 교실 쓰레기통에 들어와 있단다. 은수가 여기에 넣었지."

바깥에서 귀에 익은 쓰레기통의 목소리가 들려왔어요.

"방금 네가 본 건 꿈이 아니야. 내가 보여 준 거란다.

페트병 배가 어디로 갈지 궁금하다고 잠꼬대를 하길래."

쓰레기통이 휘파람을 불자 다시 은수의 배가 보였어요.

페트병 배는 하와이의 어느 바닷가까지 밀려갔단다.
그곳에 사는 '레일라니'가 주워서 버렸지.
레일라니는 바다 쓰레기가 얼마나 위험한지 잘 알아.
바다에 떠다니는 비닐봉지나 플라스틱 조각을 먹고 죽은
바다거북이랑 앨버트로스*들이 많거든.

* 앨버트로스 : 거위와 비슷하게 생긴 바닷새.

바다거북은 바다에 떠다니는 비닐봉지를 해파리인 줄 알고 삼킨대.

그게 목에 걸리면 숨을 못 쉬어서 죽게 되지.

앨버트로스는 둥둥 떠 있는 플라스틱 조각을 물고기로 착각하고 먹는대.

플라스틱은 소화가 안 되어서 그걸 삼키면 배고픈 걸 못 느끼게 되지.

그래서 플라스틱을 먹은 앨버트로스는 결국 굶어 죽게 돼.

태평양에는 '쓰레기 섬'이 있어. 바다로 밀려온 쓰레기가 모이고 모여 거대한 섬이 되었지. 쓰레기 10개 중에 9개가 플라스틱이라 '플라스틱섬'이라고도 불러. 바다 쓰레기들을 다 건져서 펼쳐 놓으면 지구 표면의 4분의 1을 덮을 수 있대. 어마어마한 양의 쓰레기가 한데 얽혀 바다를 더럽히고, 동물들을 위험에 빠뜨리고 있는 거야.

이 사실을 은수도 알고 있을까?

스케치북과 색종이, 우유갑 몇 개가 내 옆에 누웠어요.
쓰레기통이 비좁아져서 옴짝달싹 못하고 있었지요.
"왜 나한테만 버리는 거야? 재활용함은 텅텅 비어 있는데."
쓰레기통이 툴툴대는데 민주가 우유갑들을 꺼내 들었어요.
그 사이에 끼여 있던 나도 함께 밖으로 나왔지요.
민주는 커다란 종이 가방에 우리를 담았어요.
쭈글쭈글한 주름도 신경 쓰이는데 이제 우유 냄새까지 나게 생겼어요.
천하무적 카드 꼴이 말이 아니네요.

민주가 종이 가방을 이리저리 흔들며 걸어서 멀미가 났어요.
게다가 집에 오자마자 종이 가방을 거꾸로 들고 마구 쏟지 뭐예요.
나랑 우유갑들은 거실에 내동댕이쳐졌어요.

"잘 헹궈서 베란다에 내놓으라고 몇 번을 말하니?"
주먹이 무척 큰 아줌마가 민주 머리를 콩 쥐어박았어요.
"엄마가 쓸 거니까 엄마가 해."
민주는 톡 쏘아붙이고 방으로 들어가 버렸어요.
민주네 거실에는 화분이 무척 많았어요. 화분 받침도 많았지요.
자세히 보니 모두 우유갑으로 만든 것이었어요.
바닥에 떨어질 때 폭신한 느낌이 들었던 것도
우유갑으로 만든 카펫이 깔려 있기 때문이었지요.

딩동, 딩동.

"민주 엄마! 우유갑 여사!"

초인종 소리에 왁자지껄한 소리가 섞여 들려왔어요.

잠시 뒤 우유갑을 든 아줌마들이 거실에 들어섰지요.

"이거 갖다 주러 왔지. 이번에는 뭘 만들어 줄 거야?"

"지난번 양말 정리함 참 좋더라. 장난감 블록도 만들 수 있다며?"

"우리 집은 화분 받침이 필요해."

"어쩜 이리 솜씨가 좋아? 정말 대단해!"

아줌마들이 자꾸 치켜세우자 민주 엄마는 "지구도 살리고, 돈도 아끼고, 이렇게 칭찬도 듣고, 일석삼조네요. 호호호." 하며 뿌듯해했어요.

아줌마들은 "우유갑 여사만 믿어요."라고 말하며 돌아갔어요.

재활용함

우유갑 여사

그때까지 민주는 코빼기도 안 보였지요.

민주 엄마가 바닥에 떨어져 있던 나를 민주 책상에

가져다 놓았어요.

뭐가 그리 골이 났는지 민주는 고개도 돌리지 않았어요.

엄마가 나가자마자 민주가 혼잣말로 툴툴거렸어요.

"책꽂이, 연필꽂이, 정리함…… 모조리 우유갑! 지겨워!"

정말로 민주 방에는 우유갑으로 만든 물건이 가득했어요.

하지만 나는 민주가 심통 부리는 걸 이해할 수 없었어요.

"솜씨 있는 엄마가 있으면 좋지 않나? 왜 불만이야?"

나도 모르게 튀어나온 말을 들었는지, 밑에 있던 일기장이

말을 걸었어요.

"지금 펼쳐져 있는 일기를 한번 읽어 봐."

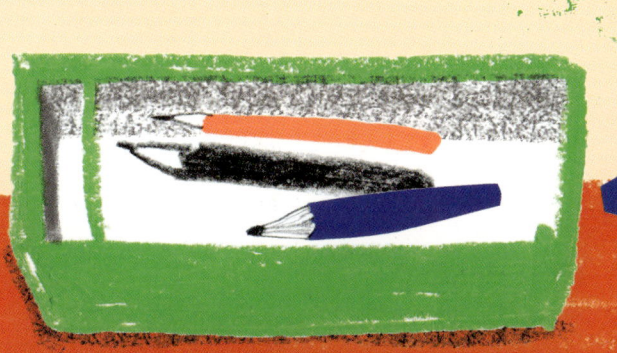

그림일기

오늘 선아가 나한테 생일 선물을 못 받아서 섭섭하다고 했다.
일주일도 넘게 참았다가 말하는 거라고 했다.
다 엄마 때문이다.
개학하는 날은 선아 생일이었다.
선아는 내 단짝이라서 좋은 선물을 주고 싶었다.
선아가 좋아하는 캐릭터 지갑을 선물하면 딱이었다.
그런데 엄마가 우유갑으로 지갑을 만들어 주었다.
정성이 담긴 선물이니 분명 기뻐할 거라며.
다른 애들은 모두 예쁜 선물을 사 왔다.
나는 창피해서 우유갑 지갑을 선아한테 주지 못했다.
내일부터는 쓰레기 우유갑 따위 절대로 안 챙길 거다.

일기를 읽고 나니까 민주 마음을 조금은 알 것 같았어요.

그리고 궁금한 것도 한 가지 생겼어요.

우유갑은 정말 보잘것없는 쓰레기일까요?

"지각하겠어. 얼른 일어나!"

엄마 목소리에 벌떡 일어난 민주가 허둥지둥했어요.

일기장 위에 있던 나를 못 본 채 일기장을 덮어서 가방에 담았지요.

수업이 끝나고 검사한 일기장을 나누어 주던 선생님이 민주를 불렀어요.

"민주야, 이 카드가 일기장에 껴 있더라."

"제 거 아닌데요."

선생님은 나를 가만히 보더니 책상 서랍에 넣었어요.

아이들이 모두 돌아가고 교실은 쥐 죽은 듯 조용해졌어요.

나는 쓰레기통한테 말을 걸었어요.

"내 말 들려요?"

"잘 들린다. 오늘도 궁금한 게 있니?"

"빈 우유갑은 정말 쓸모가 없나요?"

쓰레기통이 저번처럼 휘익, 휘이익 하고 휘파람을 불었어요.

여기는 인도네시아야.

이곳에 사는 '왈리'는 아빠가 사육사라서 날마다 동물원에 놀러 가.

몇 달 전에 동물원에 수마트라호랑이 '레오'가 들어왔어.

수마트라호랑이는 몸집이 작지만 호랑이 중에 가장 용맹하지.

왈리는 늠름한 레오랑 친해지고 싶어서 아빠 대신 살진 닭을 먹이로 던져 주었어.

하지만 레오는 으르렁거릴 뿐 왈리에게 눈길도 주지 않았지.

레오는 사람들한테 몹시 화가 나 있었거든.

사람들이 수마트라 섬의 나무를 마구 베는 바람에
숲이 절반이나 사라졌어. 거기 살던 동물들도 함께 사라졌지.
레오 가족도 먹잇감이 없어서 굶어 죽고 말았단다.
레오는 구조되었지만 이렇게 동물원 우리에 갇혀 살게 되었지.

나무가 없어!

이 사실을 민주도 알고 있을까?

왈리는 아빠한테 레오 이야기를 전해 들었어.
레오가 안쓰러워서 당장 숲으로 돌려보내자고 말했지만 그렇게 할 수가 없대.
섬에 돌아가면 레오까지 굶어 죽을지 모르니까 말이야.
왈리는 레오 같은 동물들을 위해 뭔가를 해야겠다고 생각했지.

그래서 호랑이 무늬를 얼굴에 그리고 동물원에 온 사람들에게 외치기 시작했어.
"수마트라호랑이, 수마트라오랑우탄, 수마트라코끼리 모두 멸종할지도 몰라요. 사람들이 화장지나 종이를 만들려고 수마트라 섬의 나무를 마구 가져갔기 때문이에요. 더 이상 숲을 해치지 말고 동물들을 살려 주세요! 종이도, 화장지도 아껴 쓰고 다시 써 주세요!"

아, 캄캄해.
내가 서랍 속에 있는 걸
잊은 게 분명해.

나는 오랫동안 선생님의 책상 서랍 안에서 지냈어요.
가을 운동회도 가을 소풍도 모두 지난 어느 날이었지요.
선생님이 나를 꺼내 교탁 위에 올려 놓고 말했어요.
"오늘 11월 26일은 '아무것도 사지 않는 날'이에요. 우리는 꼭 필요한 물건을 살 때도 있지만, 있는 물건을 또 살 때도 있지요. 오늘은 버리려고 했던 물건을 다시 살펴보고, 새 물건 사는 걸 참는 날이에요."

말을 잠깐 멈춘 선생님이 갑자기 나를 번쩍 들어 올렸어요.

"이건 1학기 때 여러분이 무척 좋아하던 천하무적 카드지요?"

"그건 이제 아무도 안 가지고 놀아요."

"이제는 마법사 카드가 인기 있어요."

몇몇 아이들의 대답을 듣고 선생님이 다시 말했어요.

"그래요. 이 카드는 유행이 지나서 버려졌어요. 여러분이 새로 산 마법사 카드도 유행이 지나면 이 카드처럼 버려지겠죠?"

나는 '아무것도 사지 않는 날'이 마음에 쏙 들었어요.

일 년에 하루가 아니라 여러 날이었으면 좋겠어요.

그러면 아이들이 새로운 마법사 카드를 훨씬 덜 사겠죠?

그렇다고 버려진 별 카드들이 돌아오지는 않겠지만……

'나와 날마다 겨루던 별 카드들은 모두 어떻게 되었을까?

재활용되어서 공책이나 화장지로 다시 태어나면 좋을 텐데.'

이런 생각을 하는데 선생님이 나를 다시 교탁에 내려놓았어요.

"이번 시간에는 최근에 자기가 버린 물건이랑 그 물건을 버린 이유를 발표해 보아요."

아이들이 버린 물건이랑 물건을 버린 이유는 다음과 같았어요.

물건을 버리는 아주 흔한 이유

1 고장 나서

2 습관이 되어서 — 새 학기 새 공책

3 닳아서 — 몽당연필

4 유행이 지나서

5 마음에 안 들어서 — 우유갑 필통

종례가 끝나고 현태가 선생님 앞으로 쭈뼛쭈뼛 다가왔어요.
"선생님 아까 그 카드 제 거예요."
선생님이 싱긋 웃으며 현태에게 물었어요.
"그래? 그럼 돌려줘야지. 그런데 이걸로 뭐 하려고?"
"유치원에서는 별 카드가 인기래요. 동생한테 그 카드를 주면 엄청 좋아할 거예요."

나는 가슴이 두근거렸어요. 빨리 현태 동생을 만나고 싶었어요.
온몸이 쭈글쭈글하고 우유 냄새도 살짝 나지만, 나는 여전히
천하무적 카드예요!

천하무적

준영이, 은수, 민주는 분명히 지구 살리기에 앞장설 거야.

준영이가 휴대폰을 오래오래 쓰면 멩의 마을이 건강해질지도 몰라.

은수가 강과 바다에 쓰레기를 안 버리면 바다 동물이 안전해질 거야.

민주가 우유갑을 재활용하면 수마트라호랑이가 숲으로 돌아갈 수도 있어.

대결 1 내가 버린 쓰레기의 정체가 궁금해!

천하무적의 으라차차 퀴즈
흑마법사의 어두컴컴 퀴즈

대결 2 썩지 않는 쓰레기의 나이를 밝혀라!

흑마법사의 쓰레기 숨기기
천하무적의 쓰레기 찾기

S 흑마법사

흥! 구닥다리 휴대폰을 들고 다니면 무지 창피할걸!

자기가 만들어 띄운 배가 바다까지 가면 멋지고 좋잖아!

우유갑 씻고 말리는 게 얼마나 귀찮은지 알아?

개들은 내 편이야! 어디 한번 대결해 볼래?

대결 3 재활용할 수 있는 쓰레기를 찾아라!
흑마법사의 분리수거 미로
천하무적의 분리수거 주머니

정답
천하무적과 **흑마법사**의 흥미진진한 대결! 결과는 정답에서 확인해.

대결1 천하무적의 으라차차 퀴즈

내가 좋아하는 건,
작은 물건 하나라도 아껴 쓰는 마음과 실천이야!

내가 가장 좋아하는 물건은?
- ○○○○은 1884년 프랑스 파리에서 처음 태어났어.
- ○○○○은 당시 파리 시장의 이름을 따서 '푸벨'이라고 이름 붙였고, 지금까지도 프랑스에서는 푸벨이라고 불러.
- ○○○○이 생기기 전까지 사람들은 감자 껍질이건 해진 옷이건 죄다 길바닥에 던져 버렸지.

내가 가장 좋아하는 날은?
- 매년 7월 3일로, '○○○○ 안 쓰는 날'이야.
- 2008년에 스페인에서 처음 만들어져 현재는 80여 개 나라가 함께 참여해.
- ○○○○는 500년 동안 썩지 않고, 땅속에 묻으면 공기를 막아서 땅속 생물을 죽게 만들어.

내가 가장 좋아하는 행동은?
- ○○○○는 종이, 캔, 유리, 플라스틱처럼 재활용할 수 있는 것들을 종류별로 따로 모아서 버리는 거야.
- ○○○○를 해서 지금보다 재활용을 1퍼센트만 더 해도 일 년에 639억 원을 아낄 수 있대.

흑마법사의 어두컴컴 퀴즈

내가 싫어하는건,
쓸데없이 물건을 아껴 쓰고 다시 쓰는 거야. 새것이 최고지!

내가 가장 싫어하는 물건은?

- ○○○은 낡아 없어질 때까지 오래오래 쓸 수 있어. 쳇!
- 콧물 닦을 때, 땀 닦을 때, 손 닦을 때 ○○○을 쓰면 쓰레기통 속 넘쳐 나는 휴지가 엄청 줄지. 쳇쳇!
- ○○○을 작게 접으면 주머니든 가방이든, 어디든 쏙 들어가. 흥!

내가 가장 싫어하는 날은?

- 매년 4월 4일로, '○○안 쓰는 날'이야. 정말 싫어.
- 우리나라 사람들이 일 년 중 하루만 ○○를 안 써도 4천 그루가 넘는 나무가 살 수 있대. 왜 살려야 하지?
- 스케치북이나 일기장, 알림장도 모두 ○○로 만들지. 뭔지 알겠지?

내가 가장 싫어하는 행동은?

- ○○ 쓰레기가 나오지 않게 휴대폰을 오래오래 쓰는 게 가장 싫어.
- 휴대폰을 비롯해서 버려지는 냉장고, 세탁기, 컴퓨터 같은 쓰레기야.
- 해마다 5천 만 톤이나 되는 ○○ 쓰레기가 중국의 가난한 마을에 버려져서 사람들을 병들게 해.

★★★
지구 밖에도 쓰레기가 넘쳐 난대. 우주 쓰레기지. 지구에서 쏘아 올린 인공위성이나 우주선 등이 수명을 다해 우주를 떠도는 쓰레기가 된 거야. 우주 쓰레기는 내가 어떻게 할 수 없지만 지구 쓰레기를 없애기 위해서 노력할 거야! 정답은 맨 뒤쪽에!

대결2 흑마법사의 쓰레기 숨기기

썩지 않는 쓰레기들을 그림 속에 꽁꽁 숨겨 놓았지!
내가 숨긴 물건은 `공책, 담배꽁초, 옷, 칫솔, 깡통, 유리 컵, 나무젓가락` 이야.

 # 천하무적의 쓰레기 찾기  대결2

흑마법사가 숨겨 놓은 쓰레기들을 모두 잘 찾았니?
그 쓰레기들이 얼마나 오랜 시간 썩지 않는지 맞춰 볼까? 잘 연결시켜 봐.

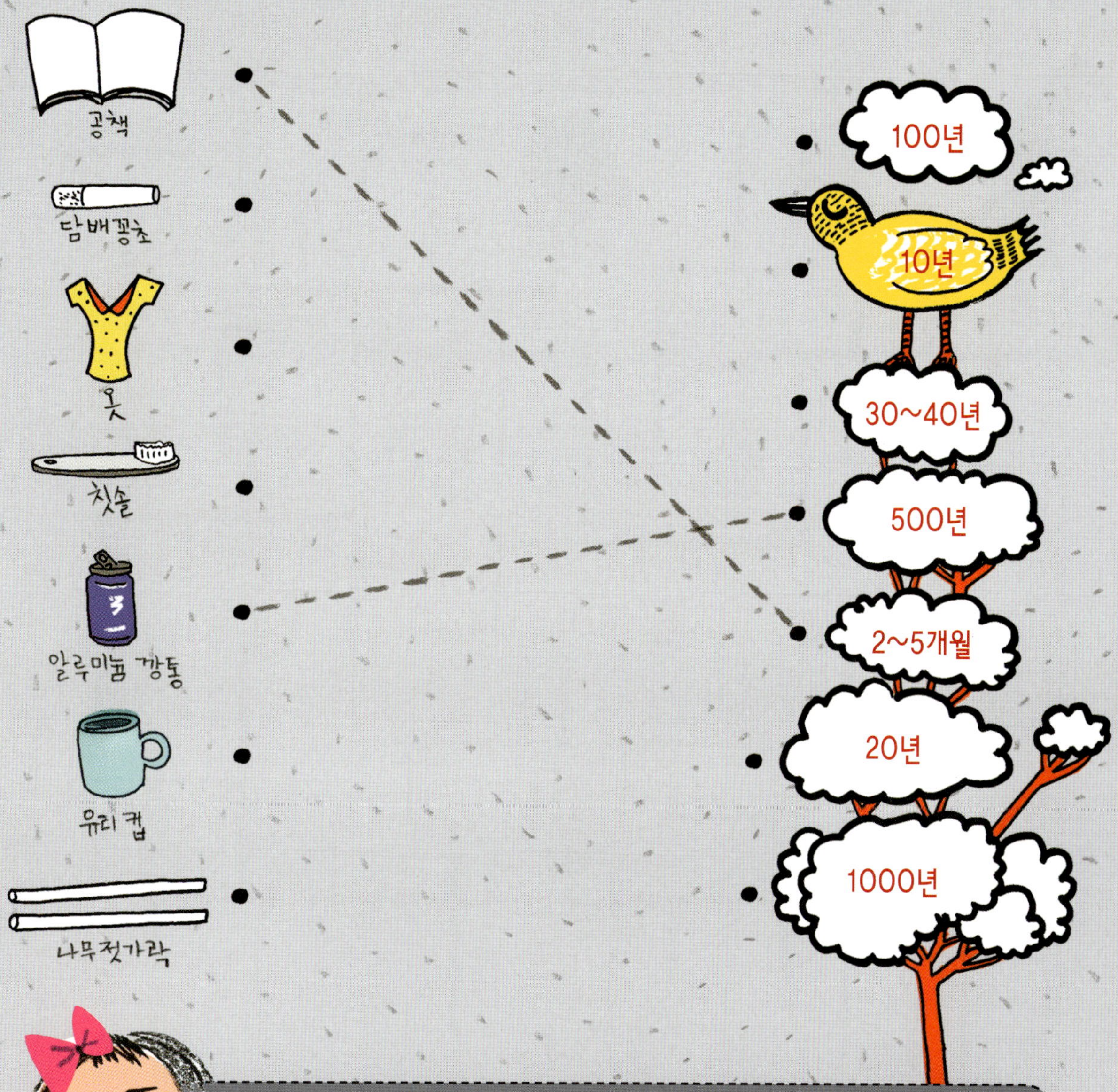

- 공책
- 담배꽁초
- 옷
- 칫솔
- 알루미늄 깡통
- 유리 컵
- 나무젓가락

- 100년
- 10년
- 30~40년
- 500년
- 2~5개월
- 20년
- 1000년

✸✸✸
물건을 포장하는 포장 용기나 포장지는 대부분 잘 썩지 않는 플라스틱이나 코팅 종이로 만들어. 멋지게 포장된 것보다는 쓰레기가 덜 나오는 물건을 고르도록 해야겠어! 정답은 맨 뒤쪽에! 👉

대결3 흑마법사의 분리수거 미로

쓰레기들을 미로에 숨겨 놓았어. 분리수거 안 되는 걸 따라가면 미로를 탈출할 수 있지! 쉽지 않을걸! 흐흐.

 # 천하무적의 분리수거 주머니 대결3

흑마법사가 미로에 숨겨 놓은 쓰레기들을 찾아서 분리수거해 볼까?
재활용을 위해 종류별로 모아 버리자! 각 주머니에 적어 봐.

과자 봉지 · 참치 캔 · 우유갑 · 유리병 · 비닐봉지 · 요구르트 병 · 공책 · 음료수 캔 · 페트병

〈예〉 종이
우유갑
공책

캔류
알루미늄

 유리

 페트

 플라스틱

 비닐류

✸✸✸
일 년 동안 우리가 쓰는 종이 팩을 만드는 데 20년 된 나무 140만 그루가 필요하다고 해. 나중에는 지구에 나무가 한 그루도 안 남을지 몰라. 재활용이 되는 쓰레기를 잘 알아 둬야지! 정답은 맨 뒤쪽에! 👉

정답

천하무적과 흑마법사 중 누가 이긴 걸까?
지구를 살리는 데 도움이 되는 행동을 한 사람이 이긴 거야!

대결1 66~67쪽

천하무적의 으라차차 퀴즈

내가 가장 좋아하는 물건은?
쓰 레 기 통

내가 가장 좋아하는 날은?
비 닐 봉 지 안 쓰는 날

내가 가장 좋아하는 행동은?
분 리 수 거

흑마법사의 어두컴컴 퀴즈

내가 가장 싫어하는 물건은?
손 수 건

내가 가장 싫어하는 날은?
종 이 안 쓰는 날

내가 가장 싫어하는 행동은?
전 자 제품 오래 쓰기

대결2 68~69쪽

흑마법사의 쓰레기 숨기기

천하무적의 쓰레기 찾기

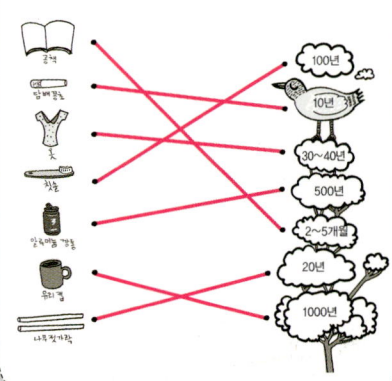

대결3 70~71쪽

흑마법사의 분리수거 미로

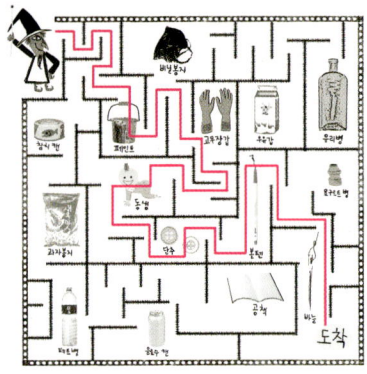

천하무적의 분리수거 주머니